RÉPUBLIQUE FRANÇAISE

MINISTÈRE DE LA GUERRE

NOMENCLATURE SPÉCIALE K DU MATÉRIEL

A L'USAGE DU

SERVICE DE LA JUSTICE MILITAIRE

DU 18 JUIN 1902

PARIS

HENRI CHARLES-LAVAUZELLE

Éditeur militaire

10, Rue Danton, Boulevard Saint-Germain, 118

(MÊME MAISON A LIMOGES)

RÉPUBLIQUE FRANÇAISE.

MINISTÈRE DE LA GUERRE.

Direction du Contentieux et de la Justice militaire; Bureau de la Justice militaire. — N° 39.

Nomenclature spéciale **K** *du matériel à l'usage du service de la Justice militaire.*

Paris, le 18 juin 1902.

Conseils de guerre et de revision ;
Ateliers de travaux publics;
Pénitenciers et prisons militaires.

Devront figurer dans les comptes de gestion, les objets non prévus à la nomenclature, mais dont la dénomination générique y existe. Ces objets seront inscrits avec des lettres de détail, A, B, C, D, etc., à la suite des numéros détaillés auxquels ils peuvent être rattachés (exemple, 2-7 A, baignoire de siège, en cuivre).

Quant aux objets dont la dénomination générique n'existe pas dans la nomenclature, ils seront inscrits avec des lettres de détail, A, B, C, D, etc., à la suite du dernier numéro de l'unité détaillée du groupe portant le numéro sommaire dans lequel ils peuvent être classés (exemple 2-A thermo-cautère, à la suite du dernier numéro d'unité détaillée du matériel d'infirmerie) (1).

Les objets de consommation courante ne doivent pas figurer dans les comptes de gestion.

Les objets hors de service et non utilisables doivent être remis à l'administration des domaines avant le 31 décembre, de manière à ne pas figurer dans les inventaires de fin d'année.

La présente nomenclature abroge celle du 6 août 1900; en conséquence, les comptes de gestion relatifs à l'année 1902 seront établis en tenant compte des modifications qu'elle contient.

____

(1) Sans préjudice des dispositions de l'article 2, § I, 4e alinéa de l'instruction du 23 décembre 1888.

DÉNOMINATION ET CLASSIFICATION DES MATIÈRES ET OBJETS.					UNITÉ RÉGLEMENTAIRE.	PRIX MINISTÉRIELS.	OBSERVATIONS.
PAR UNITÉ SOMMAIRE.		PAR UNITÉ DÉTAILLÉE.					
Numéros.	Dénomination.	Numéros.	Dénomination.				
			CHAPITRE Iᵉʳ.				
		1.	Balance-bascule........................	Nombre	30 »		De la portée de 200 kilogrammes.
		2	Balance système Roberval....	Id	10 »		
		3	Boîte de 1ᵏ,001, en cuivre............	Id.	7 »		Comprenant : un poids de 500 grammes; 1 de 200 grammes, 2 de 100 grammes; 1 de 50 grammes; 1 de 20 grammes; 2 de 10 grammes; 1 de 5 grammes; 2 de 2 grammes; 1 de 1 gramme; 8 subdivisions du gramme et 1 pince.
		4	Mesure en fer-blanc de 1 litre..........	Id.	» 80		
		5	— de 1/2 litre........	Id.	» 60		
		6	— de 1 décilitre......	Id.	» 40		
		7	— de 1/2 décilitre.....	Id.	» 30		
		8	— de 1 centilitre......	Id.	» 20		
		9.	Mesure en étain de 2 litres;...........	Id.	8 »		
		10	— de 1 litre...........	Id.	4 50		
		11	— de 50 centilitres......	Id.	3 25		
		12	— de 20 —	Id.	2 »		
		13	— de 10 —	Id.	1 20		
		14	— de 5 —	Id.	» 90		
		15	Mesures en bois de 1 décalitre..........	Id.	3 »		
		16	— de 1/2 décalitre........	Id.	2 »		
1	Balances, poids et mesures.	17	— de 1 litre............	Id.	1 20		
		18	— de 1/2 litre...........	Id.	1 »		
		19	Mètre en bois ferré...................	Id.	1 50		
		20	Poids en fonte de cuivre de 5 kilogr.....	Id.	8 »		
		21	— de 2 —	Id.	6 »		
		22	— de 1 —	Id.	4 »		
		23	— de 500 gr......	Id.	2 50		
		24	— de 200 gr......	Id.	1 50		
		25	— de 100 gr......	Id.	1 »		
		26	— de 50 gr........	Id.	» 75		
		27	— de 20 gr........	Id.	» 50		

		N°	Désignation		Prix		Observations
		28	— de 10 gr	Id.	»	30	
		29	— de 5 gr	Id.	»	25	
		30	— de 2 gr	Id.	»	20	
		31	— de 1 gr	Id.	»	20	
		32	Poids en fonte de fer de 20 kilogr	Id.	5	»	
		33	— de 10 —	Id.	2	50	
		34	— de 5 —	Id.	1	50	
		35	— de 2 —	Id.	1	»	
		36	— de 1 —	Id.	»	60	
		37	— de 500 gr	Id.	»	50	
		38	— de 200 gr	Id.	»	40	
		39	— de 100 gr	Id.	»	30	
		40	— de 50 gr	Id.	»	20	
		41	Stère simple, ferré	Id.	10	»	
2	Matériel d'infirmerie.	1	Abaisse-langue	Id.	3	50	
		2	Aiguilles à suture (paquet de 12 assorties).	Id.	3	»	Courbes et demi-courbes.
		3	Armoire à médicaments (petite)	Id.	30	»	Fermant à clef.
		4	Baignoire de bras, en zinc	Id.	10	»	
		5	— de corps, —	Id.	60	»	
		6	— de pieds, —	Id.	8	»	
		7	— de siège, —	Id.	17	»	
		8	Bande en caoutchouc pour l'hémostase chirurgicale (petite)	Id.	2	50	
		9	Baquet en bois	Id.	4	»	
		10	Bassin à pansement réniforme en cuivre nickelé	Id.	7	»	
		11	Bassin en porcelaine pour instruments (moyen)	Id.	8	»	
		12	Bassin de lit, en porcelaine	Id.	2	50	
		13	Bocal pour urines ou liquides pathologiques, de 2 litres	Id.	2	»	Gradué de 100 en 100 centimètres cubes.
		14	Boîte en fer-blanc, avec couvercle, grande.	Id.	6	»	Pour renfermer les matières antiseptiques.
		15	— — petite..	Id.	4	»	
		16	Boîte en fer-blanc pour sulfate de quinine de 1 kilogr	Id.	»	75	
		17	Boîte en fer-blanc pour sondes et bougies uréthrales	Id.	3	»	

Numéros.	Dénomination.	Numéros.	Dénomination.	UNITÉ RÉGLEMENTAIRE.	PRIX MINISTÉRIELS.	OBSERVATIONS.
		18	Bouilloire en cuivre de 2 litres..........	Nombre	6 »	
		19	Brancard avec bretelles..................	Id.	30 »	
		20	Burin courbe pour nettoyer les dents....	Id.	2 »	
		21	Cafetière à filtre en fer battu, de 2 litres.	Id.	1 70	
		22	Canule à trachéotomie, à plaque ordinaire, avec mandrin conducteur de Krishaber n° 2..............	Id.	15 »	
		23	Canule à trachéotomie, à plaque ordinaire, avec mandrin conducteur de Krishaber n° 5..............	Id.	18 »	
		24	Carafe en verre renforcé.................	Id.	» 80	
		25	Casserole en fer étamé, avec couvercle, de 4 litres.................	Id.	5 »	
		26	Casserole en fer étamé, avec couvercle, de 2 litres.................	Id.	2 50	
		27	Cautère conique......................	Id.	2 50	
		28	— olivaire, courbe............	Id.	2 50	
		29	Cerceau à fracture, moyen............	Id.	1 30	
		30	Clef de Garangeot, avec 3 crochets.......	Id.	5 »	
		31	Compte-gouttes normal..................	Id.	» 70	
		32	Couteau de pharmacie..................	Id.	1 »	
		33	Crachoir en bois, doublé de zinc, petit...	Id.	1 50	
		34	Cuvette en tôle émaillée................	Id.	3 »	
		35	— en porcelaine.................	Id.	1 50	En chêne.
		36	— à pansement en fer battu étamé, grande..............	Id.	1 »	
		37	Davier à manche quadrillé, courbe.......	Id.	3 50	
		38	— — droit.........	Id.	3 50	
		39	Descente de lit..............	Id.	0 50	

		N°	Désignation		Prix		Observations
2	Matériel d'infirmerie. (*Suite.*)	40	Disque optométrique	Id.	35	»	
		41	Echelle typographique	Id.	3	»	
		42	Entonnoir en verre double, de 1 litre	Id.	»	70	
		43	— de 50 centilitres.	Id.	»	40	
		44	— de 12 —	Id.	»	30	
		45	Epingles à suture (le cent)	Id.	»	50	
		46	Eprouvette à pied, graduée, de 50 centimètres cubes	Id.	2	50	Pour distribuer la solution de sulfate de quinine.
		47	Eprouvette à pied, graduée, de 20 centimètres cubes	Id.	2	»	Pour mesurer la solution de sublimé corrosif concentrée au 10°.
		48	Excavateur courbe pour les dents	Id.	2	»	
		49	Fil d'argent moyen (rouleau de 0^m,50)	Id.	1	»	De 0^m,0005 d'épaisseur.
		50	— fin (rouleau de 0^m,50)	Id.	»	50	De 0^m,0003 d'épaisseur.
		51	Fouloir à pointe dentée pour les dents	Id.	2	»	
		52	Grattoir légèrement courbe pour les dents	Id.	2	»	
		53	Gutta-percha pour obturer les dents (boîtes de)	Id.	7	»	Comprenant 1 boîte de gutta-percha pour obturation provisoire et 1 boîte plus petite de gutta-percha pour obturation définitive.
		54	Irrigateur Eguisier de 1 litre	Id.	10	»	
		55	— de 50 centilitres	Id.	7	»	
		56	Lampe-veilleuse en porcelaine	Id.	1	70	Avec sa cafetière et son godet.
		57	Lampe à alcool, à crémaillère, avec sa bouilloire	Id.	3	70	
		58	Lancettes à saigner	Id.	1	»	
		59	Lancette à vacciner	Id.	1	»	
		60	Lessive avec foyer., pour 6 kilogr. de linge.	Id.	26	»	Composée de : 1 lessiveuse, 1 foyer en fonte, 1 coude, 3 tuyaux de 0,33 et 1 tuyau à clef.
		61	— pour 4 —	Id.	12	»	
		62	Manche à cautère	Id.	4	75	
		63	Marmite cylindrique, en fonte (dite coquille)	Id.	10	»	Avec couvercle.
		64	Miroir pour les dents	Id.	6	»	
		65	Mortier en porcelaine émaillée de 1 centilitre	Id.	4	»	Avec pilon assorti.
		66	Mortier en porcelaine émaillée de 50 tilitres	Id.	3	»	
		67	Ophthalmoscope mobile (dans une boîte en gainerie)	Id.	16	»	
		68	Otoscope simple de Toynbès (tube en caoutchouc)	Id.	3	50	
		69	Peignoir en toile	Id.	3	50	
		70	Pelote compressive de Larrey, ovale	Id.	»	50	

DÉNOMINATION ET CLASSIFICATION DES MATIÈRES ET OBJETS.					UNITÉ RÉGLEMEN-TAIRE.	PRIX MINISTÉ-RIELS.	OBSERVATIONS.
PAR UNITÉ SOMMAIRE.			PAR UNITÉ DÉTAILLÉE.				
Numéros.	Dénomination.	Numéros.	Dénomination.				
		71	Pince courbe pour racines.............		Nombre	9 »	
		72	Poire à insufflation de Politzer avec ajustage à olive....................		Id.	10 »	
		73	Pot à l'eau en porcelaine.................		Id.	1 50	
		74	Pot à tisane avec couvercle en porcelaine.		Id.	1 80	
		75	Réchaud ordinaire en tôle.............		Id.	3 »	
		76	Seau gradué en fer battu étamé de 15 litres....................		Id.	5 »	Avec couvercle.
		77	Seau d'aisance inodore, en cuivre........		Id.	45 »	Avec lunette mobile et couvercle en bois.
		78	Seringue de Pravaz en argent à serrage..		Id.	20 »	Avec 2 aiguilles droites et 1 canule courbe pour le point lacrymal.
2	Matériel d'infirmerie. (Suite.)	79	Seringue en caoutchouc durci, grande, avec 2 canules....................		Id.	15 »	Pouvant contenir 100 centimètres cubes de liquide corrosif.
		80	Seringue en étain de 50 centilitres.......		Id.	7 »	
		81	Sonde d'Itard en argent..................		Id.	4 50	
		82	Sonde pour les dents....................		Id.	2 »	
		83	Spatule en fer à grain et à poudre........		Id.	3 »	
		84	Spatule en fer ordinaire de 30 centimètres.		Id.	1 »	
		85	— en os de 16 centimètres....		Id.	» 70	
		86	— — de 11 —		Id.	» 60	
		87	Spéculum en buis, nº 2..................		Id.	6 »	
		88	— de Politzer en argent (paire de) des nᵒˢ 1 et 2....................		Id.	9 »	
		89	Stéthoscope ordinaire en bois............		Id.	1 50	
		90	Tablier d'infirmier....................		Id.	1 40	
		91	— de médecin....................		Id.	3 »	
		92	Thermomètre médical....................		Id.	5 »	Gradué au 10ᵉ, de 32° à 44° dans un étui nickelé.
		93	— à alcool....................		Id.	1 50	

		Désignation		Prix		Observations
	94	Trébuchet ordinaire à pédale sensible au centigramme..........................	Id.	37	»	Pour peser 50 grammes. Fléau et contre-platine en acier; tablette en marbre; doubles plateaux en nickel; pince en laiton.
	95	Trousse de médecin....................	Id.	60	»	
	96	Urinal en verre garni en étain...........	Id.	2	50	
	97	Urinoir cerclé en fer....................	Id.	18	»	Peint à l'huile.
	98	Verre gradué pour eau distillée de 250 gr.	Id.	3	»	
	99	— — de 60 gr.	Id.	1	0	
	100	Verre à expérience avec bec de 250 gr...	Id.	»	50	
	101	— — de 125 gr...	Id.	»	40	
	102	— — de 60 gr. et au-dessous............................	Id.	»	30	
3	1	Arrosoir en fer-blanc de 3 litres...........	Id.	1	50	
Objets en métal.	2	Bidon de campement de 10 litres........	Id.	2	70	
	3	Boîte à marrons pour rondes.............	Id.	1	50	
	4	Boîte à marque en fer-blanc.............	Id.	4	»	
	5	Cadenas pour boîte à marrons...........	Id.	»	25	
	6	Casserole en fer étamé de 5 litres........	Id.	4	»	
	7	Ciseaux moyens (paire)..................	Id.	2	10	
	8	Ciseau à froid.........................	Id.	1	50	
	9	Compte-fils...........................	Id.	2	50	
	10	Couperet (petit).......................	Id.	11	»	
	11	Crochet de boucherie...................	Id.	1	50	
	12	Emporte-pièce........................	Id.	12	»	
	13	Entonnoir............................	Id.	1	50	
	14	Fontaine en zinc (petite)................	Id.	12	»	
	15	Gamelle en fer battu étamé (grande)......	Id.	2	20	
	16	— (petite).......	Id.	»	70	
	17	Gobelet en étain de 1/4 de litre..........	Id.	1	15	
	18	Hachette emmanchée...................	Id.	3	»	
	19	Jeu de chiffres à froid en acier...........	Id.	5	»	
	20	Jeu de marques pour la réforme.........	Id.	25	»	Composé de : 1 boîte, 10 chiffres en cuivre, 1 composteur en cuivre, 1 marque à chaud emmanchée, 1 marque à froid pour métaux, 1 marque en buis.
	21	Marrons en fer-blanc...................	Id.	»	05	
	22	Marteau ordinaire (grand)...............	Id.	2	80	
	23	Merlin................................	Id.	7	50	Emmanché.

DÉNOMINATION ET CLASSIFICATION DES MATIÈRES ET OBJETS.					UNITÉ RÉGLEMENTAIRE.	PRIX MINISTÉRIELS.	OBSERVATIONS.
PAR UNITÉ SOMMAIRE.		PAR UNITÉ DÉTAILLÉE.					
Numéros.	Dénomination.	Numéros.	Dénomination.				
3	Objets en métal. (Suite.)	24	Menottes avec cadenas..................		Nombre	11 »	Les menottes sans cadenas valent 8 francs.
		25	Pedottes........................		Id.	16 »	
		26	Pot en étain de 1 litre...............		Id.	4 50	
		27	Scie (lame et monture)................		Id.	3 »	
		28	Seau en zinc de 15 litres.............		Id.	2 »	
		29	Seaux inodores.......................		Id.	15 »	
		30	Tenailles...........................		Id.	2 »	
		31	Tondeuse de perruquier................		Id.	7 50	
4	Objets en bois.	1	Armoire en sapin à 2 battants, grande....		Id.	90 »	
		2	— — moyenne..		Id.	50 »	
		3	— — petite.....		Id.	35 »	
		4	Armoire en sapin à 1 battant, grande....		Id.	45 »	
		5	— — moyenne..		Id.	30 »	
		6	— — petite.....		Id.	20 »	
		7	Brouette.............................		Id.	25 »	
		8	Caisse à claire-voie, grande (au-dessus de 0m,80).............................		Id.	5 »	
		9	Caisse à claire-voie, moyenne (de 0m,200 à 0m,800)..............................		Id.	4 »	
		10	Caisse à claire-voie, petite (de 0m,200 à 0m,600)..............................		Id.	3 »	
		11	Caisse à plein, grande (au-dessus de 0m,600)		Id.	6 »	
		12	— moyenne (de 0m,200 à 0m,600)		Id.	5 »	
		13	— petite (au-dessous de 0m,200)		Id.	4 »	
		14	Chevalet pour tableau à démonstration...		Id.	8 »	En frêne.
		15	Echelle simple de 8 mètres.............		Id.	30 »	

16	Escabeau....................	Id.	3 »	
17	Garde-manger...............	Id.	12 »	
18	Porte-manteau à 6 champignons.........	Id.	3 »	
19	Seau en bois, cerclé en fer.............	Id.	4 »	
20	Table ordinaire.............	Id.	25 »	
21	Tableau pour démonstration...........	Id.	10 »	En sapin, point à l'huile
22	Tonneau avec couvercle et robinet.......	Id.	25 »	
23	Voiture à bras....................	Id.	140 »	
1	Bac à charbon....................	Id.	10 »	En bois.
2	Bougeoir en cuivre..............	Id.	3 »	
3	— en fer-blanc.	Id.	1 20	
4	Burette à huile de 4 litres.............	Id.	2 50	
5	— de 2 litres..............	Id.	1 50	
6	Cendrier................	Id.	3 »	
7	Chandelier en cuivre.............	Id.	2 »	
8	Chenets de cheminée en fer (paire).......	Id.	5 »	A pomme de cuivre.
9	Falot de ronde complet..............	Id.	5 »	
10	Lampe à huile.................	Id.	8 »	
11	— à pétrole...............	Id.	5 »	
12	Lanterne-applique.............	Id.	5 »	Avec lampe et réflecteur.
13	Pelle à feu pour cheminée..............	Id.	2 50	
14	— pour poêle............	Id.	1 50	
15	Pelle à main pour charbon en fonte......	Id.	3 50	
16	— en tôle.......	Id.	1 50	
17	Pincette pour cheminée.............	Id.	3 »	
18	— pour fourneau.................	Id.	1 50	
19	Plaque en tôle (grande).............	Id.	2 »	Pour dessous de poêle.
20	Poêle ordinaire en fonte (moyen)........	Id.	22 »	
21	Poêle rond en faïence (moyen)...........	Id.	80 »	
22	Soufflet de cheminée..................	Id.	3 »	
23	Suspension pour lampe..................	Id.	3 50	
24	Tisonnier....................	Id.	2 »	
25	Tuyau de poêle coudé.................	Id.	1 50	
26	— droit, longueur de 0m,66..	Id.	1 50	
27	— — de 0m,33..	Id.	» 75	
28	»	»	»	

• 5   Objets pour le service du chauffage et de l'éclairage.

| DÉNOMINATION ET CLASSIFICATION DES MATIÈRES ET OBJETS. | | | | | UNITÉ | PRIX | OBSERVATIONS. |
| PAR UNITÉ SOMMAIRE. | | PAR UNITÉ DÉTAILLÉE. | | | RÉGLEMEN-TAIRE. | MINISTÉ-RIELS. | |
Numéros.	Dénomination.	Numéros.	Dénomination.				
6	Collection cataloguée d'ouvrages, brochures, etc., composant la bibliothèque (A).	»	»		Nombre	»	(A) Chaque collection de livres ne forme qu'une unité sommaire de la nomenclature ne devant donner lieu à d'autres inscriptions au compte de gestion que celles du nombre total de livres existant au 1er janvier, des mouvements d'entrée et de sortie, du nombre de livres restant au 31 décembre, de la valeur en argent de ces livres existant au 31 décembre, calculée en ajoutant à la valeur de l'année précédente la balance des opérations de l'année courante. Il n'est produit à l'appui du compte de gestion d'autres pièces justificatives que celles constatant les entrées et les sorties de livres survenues dans l'année.
7	Collection cataloguée d'objets pour le culte (B).	»	»		»	»	(B) Même observation que pour la collection cataloguée d'ouvrages composant la bibliothèque.
		1	Bibliothèque non vitrée en sapin		Id.	45 »	
		2	Boîte à tampon avec accessoires		Id.	2 50	
		3	Boîte à fiches		Id.	2 50	
		4	Bureau avec casiers et tiroirs		Id.	50 »	
		5	Bureau sans casier ni tiroir		Id.	30 »	
		6	Cachet en cuivre		Id.	4 »	
		7	Carton de bureau		Id.	3 »	
		8	Chaise en canne recouverte en cuir		Id.	15 »	
		9	— en frêne verni, foncée		Id.	7 »	
		10	— en paille fine		Id.	6 »	
		11	— — ordinaire		Id.	3 50	

8	Mobilier et matériel des bureaux.	12	Coffre-fort, grand	Id.	150 »	Pour conseil d'administration.
		13	— moyen	Id.	100 »	Pour comptable.
		14	Fauteuil en chêne recouvert en cuir	Id.	35 »	
		15	— en frêne verni, foncé	Id.	20 »	
		16	Panier à papier	Id.	2 »	
		17	Pendule dite « œil-de-bœuf »	Id.	35 »	
		18	Portefeuille à serrure	Id.	22 25	Avec couvertures, barrettes et écrous.
		19	Rideau de croisée ou de vitrage	Id.	1 50	
		20	Sacoche en cuir pour planton	Id.	5 »	
		21	Serviette	Id.	1 25	
		22	Sonnette en cuivre	Id.	1 50	
		23	Tapis en drap, grand	Id.	40 »	
		24	— moyen	Id.	25 »	
		25	— petit	Id.	15 »	
		26	Timbre humide « payé »	Id.	2 25	
		27	Torchon	Id.	» 90	
		28	Urne en bois	Id.	6 »	
9	Matériel d'anthropométrie.	1	Banc de buste avec montant	Id.	6 »	
		2	Boîte portative avec poignée	Id.	20 »	
		3	Ciseaux pour couper les ongles	Id.	4 »	
		4	Compas de tête acier et cuivre	Id.	18 »	
		5	Double-décimètre	Id.	2 »	
		6	Double-mètre articulé à trois branches	Id.	8 »	
		7	Equerre pliante	Id.	4 50	
		8	Mesure pour la coudée en cuivre	Id.	20 »	
		9	Mesure pour les oreilles en cuivre	Id.	9 »	
		10	Règle graduée de 1 mètre	Id.	2 »	
		11	— de 0,50 centimètres	Id.	1 50	
		12	Rouleau et plaque à encre pour impression digitale	Id.	8 »	
		13	Tabouret pour la mesure du pied	Id.	12 »	
		14	Tige d'oreilles	Id.	1 »	
		15	Toile cirée pour l'envergure	Id.	4 »	
		16	Toise verticale	Id.	12 »	
		17	Tréteau pour la mensuration de la coudée	Id.	45 »	
		18	Vérificateur de comptes	Id.	6 »	

<table>
<tr><th colspan="4">DÉNOMINATION ET CLASSIFICATION DES MATIÈRES ET OBJETS.</th><th rowspan="3">UNITÉ RÉGLEMENTAIRE.</th><th rowspan="3">PRIX MINISTÉRIELS.</th><th rowspan="3">OBSERVATIONS.</th></tr>
<tr><th colspan="2">PAR UNITÉ SOMMAIRE.</th><th colspan="2">PAR UNITÉ DÉTAILLÉE.</th></tr>
<tr><th>Numéros.</th><th>Dénomination.</th><th>Numéros.</th><th>Dénomination.</th></tr>
<tr><td rowspan="3">10</td><td rowspan="3">Contrôleur de ronde.</td><td>1</td><td>Contrôleur de ronde, système Collin, à chronomètre.................</td><td>Nombre</td><td>»</td><td></td></tr>
<tr><td>2</td><td>Contrôleur de ronde, système Collin, poche en cuir.................</td><td>Id.</td><td>»</td><td></td></tr>
<tr><td>8</td><td>Contrôleur de ronde, système Collin, lanterne.................</td><td>Id.</td><td>»</td><td></td></tr>
<tr><td>11</td><td>»</td><td></td><td>»</td><td>»</td><td>»</td><td></td></tr>
<tr><td>12</td><td>»</td><td></td><td>»</td><td>»</td><td>»</td><td></td></tr>
</table>

CHAPITRE II. — Matériel hors de service.

13	Matériel.	1	Objets d'exploitation en métal............	Nombre	»	Les objets réformés sont portés au numéro 9 du compte de gestion.	
		2	— — en bois.............	Id.	»	Le matériel est classé à ce numéro aussitôt réforme régulièrement prononcée ou après décision du Ministre.	
		3	— — en toile, cuir, étoffe, etc.................................	Id.	»	Le matériel non utilisable doit être remis à l'administration des domaines avant le 31 décembre, de manière à ne pas figurer dans les inventaires de fin d'année.	
14	Ameublement	»	Objets d'ameublement...................	Id.	»	Toutefois, les objets réformés du service du culte, tels que vases sacrés, en or ou en argent, doivent être dénaturés de forme avant leur remise aux domaines ; les linges sacrés (corporaux, pales et purificatoires) doivent être brûlés.	
15	Livres.	1	Livres de la bibliothèque de l'établissement.................................	Id.	»		
		2	Livres de lecture à l'usage des détenus...	Id.	»		
16	Culte.	1	Objets du culte en argent...............	Id.	»		
		2	— — en cuivre ou autre métal.	Id.	»		
		3	— — en bois, étoffe, cuir, etc..	Id.	»		
17	Débris.	1	Débris d'objets en métal précieux........	Kilogr.	»		
		2	— — en métaux.................	Id.	»		
		3	— — en bois...................	Id.	»		
		4	— divers (étoffe, cuir, os, ivoire)......	Id.	»		

SERVICE DE LA JUSTICE MILITAIRE.

———

(1)

———

CATALOGUE

des ouvrages, brochures, etc., composant la bibliothèque.

———

NUMÉRO SOMMAIRE 6 DE LA NOMENCLATURE.

Tout établissement de la justice militaire tient un catalogue conforme au présent modèle.

Ce catalogue est un document permanent, continuellement tenu à jour par l'incorporation des ouvrages achetés et par la sortie des ouvrages réformés ; il reste déposé entre les mains de l'officier d'administration ou de l'agent principal.

Les ouvrages sont portés au prix réel d'achat ou, en cas d'entrée sans dépense en deniers, au prix d'estimation.

Une lettre est attribuée à chaque subdivision ; des pages en nombre suffisant sont réservées pour chacune d'elles.

Le présent catalogue contenant   feuillets a été coté et paraphé par nous sous-intendant militaire chargé de la surveillance administrative de (1)

A   , le   19

———

(1) Désigner l'établissement.

NUMÉROS D'ORDRE.	DATE de L'ENTRÉE.	DÉSIGNATION DES OUVRAGES.	NOMBRE.	VALEUR.	DATE de LA SORTIE.	OBSERVATIONS.

A. Atlas, cartes, manuscrits, plans, etc.

B. Livres a l'usage du cours d'enseignement mutuel.

NUMÉROS D'ORDRE.	DATE de L'ENTRÉE.	DÉSIGNATION DES OUVRAGES.	NOMBRE.	VALEUR.	DATE de LA SORTIE.	OBSERVATIONS.

C. Ouvrages de jurisprudence.

D. Ouvrages scientifiques.

NUMÉROS D'ORDRE.	DATE de L'ENTRÉE.	DÉSIGNATION DES OUVRAGES.	NOMBRE.	VALEUR.	DATE de LA SORTIE.	OBSERVATIONS.
		E. — OUVRAGES DE LECTURE A L'USAGE DES DÉTENUS.				

SERVICE DE LA JUSTICE MILITAIRE.

(1)

CATALOGUE

des objets affectés au service du culte.

NUMÉRO SOMMAIRE 7 DE LA NOMENCLATURE.

Tout établissement pénitentiaire tient un catalogue conforme au présent modèle.

Ce catalogue est un document permanent continuellement tenu à jour par l'incorporation des objets achetés et par la sortie des objets réformés; il reste déposé entre les mains de l'officier d'administration comptable ou de l'agent principal.

Les objets sont portés au prix réel d'achat ou, en cas d'entrée sans dépense en deniers, au prix d'estimation.

Une lettre est attribuée à chaque subdivision; des pages en nombre suffisant sont réservées pour chacune d'elles.

Les objets sont inscrits dans l'ordre suivant :

1° *Effets sacerdotaux et linge d'autel.*

Amict.
Aube en batiste.
Chasuble blanche et accessoires.
Chasuble noire et accessoires.
Chasuble rouge et accessoires.
Chasuble verte et accessoires.
Chasuble violette et accessoires.
Cordon d'aube.
Etole pastorale (blanche d'un côté, rouge de l'autre).
Etole pastorale (noire) riche.
— (violette d'un côté, rouge de l'autre).
Huméral.
Lavabo ou manuterge.
Nappe d'autel, grande.
Nappe de communion.
Purificatoire.
Rochet.
Surplis.
Tour d'étole.

2° *Livres liturgiques.*

Antiphonaire.
Canon d'autel, cartonné, noir.
Graduel.
Missel ordinaire.
Psautier.
Rituel.

(1) Désigner l'établissement.

3° *Mobilier des chapelles.*

Autel en chêne, tout bois.
Bahut de sacristie en chêne.
Banc en chêne.
Bouquet de fleurs artificielles.
Chandelier d'autel en cuivre argenté.
Christ en cuivre argenté.
Croix d'autel en cuivre argenté.
Encensoir en cuivre argenté avec navette.
Eteignoir.
Etui pour calice.
Etui pour ciboire.
Pierre sacrée pour l'autel.

Porte-missel en chêne.
Prie-Dieu.
Sonnette en cuivre argenté.
Souches en fer-blanc vernissé.
Tapis pour les marches de l'autel.

4° *Vases sacrés.*

Burettes en cristal, montées sur cuivre argenté.
Calice avec patène, en argent.
Ciboire en argent.
Ostensoir en cuivre argenté.
Plateau de burettes, en cuivre argenté.

Le présent catalogue contenant   feuillets a été coté et paraphé par nous sous-intendant militaire chargé de la surveillance administrative de (1)

A   , le   19 .

(1) Désigner l'établissement.

NUMÉROS D'ORDRE.	DATE de L'ENTRÉE.	DÉSIGNATION des OBJETS.	NOM-BRE.	VALEUR.	DATE de LA SORTIE.	OBSER-VATIONS.

A. — EFFETS SACERDOTAUX ET LINGE D'AUTEL.

B. — LIVRES LITURGIQUES.

NUMÉROS D'ORDRE.	DATE de L'ENTRÉE.	DÉSIGNATION des OBJETS.	NOM-BRE.	VALEUR.	DATE de LA SORTIE.	OBSER-VATIONS.
		C. — MOBILIER DES CHAPELLES.				
		D. — VASES SACRÉS.				

Librairie militaire Henri CHARLES-LAVAUZELLE

Paris et Limoges

REFONTE DU BULLETIN OFFICIEL DU MINISTÈRE DE LA GUERRE

Décret du 14 janvier 1889 portant règlement sur l'administration et la comptabilité des corps de troupe (à jour au 1er septembre 1900). TEXTE. 208 p., broché, *franco*, 1 75 ; relié toile, *franco* 2 50
MODÈLES (à jour au 1er mai 1898). 322 pages, broché, *franco*, 3 fr. ; relié toile, *fran.* .... 4 »

Règlement du 16 novembre 1887 sur le service de l'habillement dans les corps de troupe (masse d'habillement), suivi de l'instruction pour l'application dudit (à jour en mai 1901), 208 pages, broché, *franco*, 1 fr. 85 ; relié toile, *franco* 2 85

Service de l'habillement dans les corps de troupe. Dispositions diverses (à jour au 25 août 1898). 76 pages, broché, *franco*, 0 fr. 75 ; relié toile, *franco* 1 50

Règlement du 15 janvier 1890 sur le service du chauffage dans les corps de troupe. Dispositions relatives à l'éclairage (à jour au 1er juin 1899). Broché, *franco*, 1 fr. ; relié toile, *franco* 1 50

Service du harnachement dans les corps de troupe (à jour au 1er décembre 1899). 226 pages, broché, *franco*, 2 fr. ; relié toile, *franco* .... 3 »

Règlement du 29 juillet 1899 sur la gestion des ordinaires de la troupe. 128 pages, broché, *franco*, 1 fr. 15 ; relié toile, *franco* 1 75

Comptabilité en campagne et habillement en temps de guerre, corps de troupe (à jour en avril 1901). 126 pages, broché, *franco*, 1 franc ; relié toile, *franco* 1 75

Ameublements (hôtels affectés aux officiers généraux, sous-officiers rengagés ou commissionnés autres que les adjudants ou assimilés, bureaux des états-majors et de l'intendance) (à jour au 15 décembre 1899.) 60 pages, broché, *franco*, 0 fr. 60 ; relié toile, *franco* 1 25

Poudres et explosifs (à jour au 10 décembre 1899). 52 pages, broché, *franco*, 0 fr. 60 ; relié toile 1 25

Service des forges. — Instruction du 6 juin 1899. 60 pages, broché, *franco*, 0 fr. 60 ; relié toile, *franco* 1 25

Tarif des réparations aux armes portatives, approuvé le 15 octobre 1899. 184 pages, broché, *franco*, 1 fr. 60 ; relié toile, *franco* 2 60

Règlement du 4 janvier 1897 sur le service et l'entretien du harnachement dans les établissements de l'artillerie, avec tables et suivi de 4 annexes. 44 pages, broché, *franco*, 0 fr. 50 ; relié toile, *franco* .... 1 »

Instruction du 31 mai 1891 sur les écritures concernant les mouvements intérieurs dans les places comptables et la tenue des magasins (édition approuvée le 17 mars 1896). 44 pages, broché, *franco*, 0 fr. 50 ; relié toile, *franco* .... 1 »

Instruction du 24 octobre 1890 sur la comptabilité du matériel mis à la disposition des corps de troupe de l'artillerie et du train des équipages militaires par les établissements et les parcs d'artillerie (édition approuvée le 9 mars 1896). 40 pages, broché, *franco*, 0 fr. 50 ; relié toile, *franco* .... 1 »

Instruction sur le service de l'armement approuvée le 30 août 1884 (à jour en avril 1901). 268 pag., br., *franco*, 2 fr. 25 ; relié toile, *franco* 3 25

Avancement et état des officiers (à jour au 15 avril 1899). 176 pages, broché, *franco*, 1 fr. 50 ; relié toile, *franco* 2 25

Règlement du 3 avril 1869 sur la comptabilité des dépenses du département de la guerre (à jour au 31 mars 1897).
TEXTE. 616 pages, tableaux et modèles, broché, *franco*, 4 fr. 75 ; relié toile, *franco* .... 6 »
ANNEXES. 580 pages, avec modèles, broché, *franco*, 4 fr. 50 ; relié toile, *franco* 5 75

2